Pierres de passage

De la même auteure

La seconde venue, Montréal, Éditions du Noroît, coll. « Initiale », 1993.

Diane Régimbald

Pierres de passage

Éditions du Noroît

Le Noroît souffle où il veut, en partie grâce aux subventions du Conseil des Arts du Canada et de la Société de développement des entreprises culturelles du Québec.

Les Éditions du Noroît bénéficient également de l'appui du Programme de crédit d'impôt pour l'édition de livres du gouvernement du Québec (gestion SODEC).

Artiste : Alain Petel
Infographie : Geneviève Desautels

Dépôt légal : 1er trimestre 2003
Bibliothèque nationale du Québec
Bibliothèque nationale du Canada
ISBN : 2-89018-496-X

Données de catalogage avant publication (Canada)
Diane Régimbald, 1956-
Pierres de passage
Poèmes
ISBN 2-89018-496-X
I. Titre
PS8585.E446P53 2003 841'.54 C2003-940500-1
PS9585.E446P53 2003
PQ3919.R43P53 2003

DISTRIBUTION AU CANADA
EN LIBRAIRIE
Fides
165, rue Deslauriers
Saint-Laurent (Québec) H4N 2S4
Téléphone : (514) 745-4290
Télécopieur : (514) 745-4299
editions@fides.qc.ca

Éditions du Noroît
6694, avenue Papineau
Montréal (Québec) H2G 2X2
Téléphone : (514) 727-0005
Télécopieur : (514) 723-6660
lenoroit@lenoroit.com
www.lenoroit.com

DISTRIBUTION EN EUROPE
Librairie du Québec
30, rue Gay-Lussac
75005 Paris
Téléphone : 01 43 54 49 02
Télécopieur : 01 43 54 39 15
liquebec@noos.fr

Imprimé au Québec, Canada

à Alain Petel

On m'a dit qu'il y a
dans l'eau une pierre et un cercle
et sur l'eau un mot
qui dépose le cercle autour de la pierre

Paul Celan

Nom du ciel

Il y a dans le nom
une porte gravée
signée de l'absence de l'autre.

Le nom est-il toujours celui de l'étranger ?
Et que vit-il sinon le poids de rien ?

Des cœurs battent dans le ventre de la mère
au creux liquide.

Tu prends chair
jusqu'à te rompre au devenir du monde.

Tu fais le passage à la lumière
et prends connaissance de l'ombre.

Chaque être naît d'une demeure
mère du ciel traversé
de la cosmogonie humaine.
Une naissance s'ouvre à la vie
au sang pulsé en nos veines.

Je suis née de ce qui façonne la terre
morceaux d'os
de muscles et de sang.
Embryon d'un monde accompli
par l'acte d'amour
portant au pied du jour
sur la traverse du fleuve innommé
le nom de passage.

On recueille une voix, un chant
un visage portant les traces de ses origines
un corps que l'on vêtira
d'un nom de pierres.

Déchirure du centre
du corps qui s'ouvre au nom perdu
de la mémoire des eaux.
L'ardoise en bouche
des fureurs dorment sous les algues.

Chant de mère

Au bleu du ciel, il y a le mémorandum
de la nuit, fresque des âmes envoûtées
par leur désir de mort
sol engouffré de la mère perdue
nourrice de l'autre.

Le murmure du vent éveille son bercement
illégitime puissance de tendresse.

Elle veille la mère.

Retournée à elle-même
elle se lie à l'absence
écoute l'immensité des bruissements
que relie le silence
au noyau du monde.

De l'invisible grandeur
grondent les tambours ancestraux.
Pieds à plat, commence la danse
la mère arrondit les gestes
et creuse le chant.

Il y a vérité des semences
qui gonfle le corps
enfantement reconnu, joie
dans les mains de l'autre.
L'appel ouvre le ventre
aux sonorités des pierres
percutées par les eaux.

Son âme s'offre au fragile
don d'amour fait de sang, de peau fine et de lait.
Elle voit fille devenir autre femme
mère parfois gardienne
des phares.

L'eau, la rive

(à Anne-Claire Poirier)

Des voix traversent des chemins de mer
où les neiges emmêlées aux fissures
des glaciers usent le temps.
Des voix d'aube chantent
et ouvrent les blessures
des voix t'offrent l'amour
une seconde de plus.
Tu pénètres l'écorce
entends résonner les échos.

La mer, ailleurs, accroche ses vagues
à la dérive des sables.
Tu respires les écrits salés transportés par la brise
sur le mur des dunes
ta parole souffle le bruissement des choses.

Se rompt l'écho.

Ton regard sur l'horizon
ne passe plus
qu'en une courbe
des ondes.

Le vent vient
des oiseaux migrateurs quittent nos terres
et les nuages doucement se moutonnent.

Au flanc d'une vague s'inonde ta peine
comme un peuple liquide qui flambe
devant le miroir des lames.

La rive noyée de tant d'effluves
affouillée jusqu'au ravage
les herbes légères retiennent
le sol en vie, fragiles et puissantes.

Des têtes de pierres craquelées dansent
émergeant de la mer
des froissements de l'errance
telle une plainte lointaine qui se meut
jour après jour.
En nous se taille le feu perdu.

Tu passes des années sur les seuils
à récolter les pierres des voyages
te rappelant la terre de leur origine.

Des paillettes d'eau scintillent
glissent à tes jambes, venant douces
sur ta joue te mouiller
léchant le rocher
solitaire qui pointe le nez hors de l'île.

Tu baisses les yeux au cri d'un oiseau
vois ma main où se détache une ombre.

Les instants reconnaissent le secret de la solitude
parmi l'écho des montagnes
s'étendent les paysages.

Amour absolu des pas
réminiscence des pas.

Un livre s'ouvre
à la page de ton nom.

Tu creuses la terre entre tes jambes
parmi les pierres, une racine.
Tu y vois le grouillement des vers.

Tu implores le ciel de te redonner vie.
Tu as toujours cette impression de mourir
impression liquide, sans chemin
sans issue.
Tu cherches une présence à tous les instants.

Tes doigts bêchent le sol décrépit
raniment des pensées
qui vont au plus près de l'oubli.

Un jour de pluie
les yeux à la fenêtre
j'entends la marche de pas méditants
comme un souffle de quiétude
sur la braise de nos esprits.

Un jour il y eut une pénombre dans le ciel
ma mère étendait les draps.

Près d'elle, je regardais, captive
le mouvement et la lumière
qui prenaient et tendaient
ses corps blancs
au vent.

Les fantômes clairs
m'entouraient et je dansais
sur l'herbe humide
sur l'air qu'elle fredonnait.

Traverses

Le ventre gonflé du sang de ton ombre
couve le secret de tes origines.

Au seuil avorté où rien ne peut grandir
sous le couperet
l'aigle rôde.

Reste l'amour où la nuit nous rive.

Ta bouche ouverte
un arbre planté dans tes yeux

le bleu de ta langue

la nuit
des forêts.

Une ombre oubliée de l'enfance
un oiseau mort
trouvé parmi des feuilles
mortes sur le chemin
ouvre le livre.

Les crins de l'archet se rompent au frottement
des cordes d'un violoncelle.
Un chien sur la plaine
jappe après le vide.
Seule avenue possible
le recommencement de toutes choses.

Sous l'étoilement du ciel, partagée
entre ivresse et lucidité
je psalmodie les chants de reconnaissance.

Ma main caresse un mélèze
veiné de blancheur
sur ma langue se dépose
quelques grains de lumière.

Tu couches ton corps
en travers
où des cristaux éphémères
jaillissent de la terre.

Le vent sillonne la vallée.
On dirait le bruit du ressac
le temps venu de fondre les terres et les eaux
les pierres et les fleurs
les chœurs et leurs voix.

Nimbes

Chacun a l'expérience de cercles qui vont s'agrandissant. Il suffit qu'il ait été témoin de la chute d'une pierre dans une pièce d'eau. Mais personne n'a vu de cercles qui, partis du fond de l'horizon, courent s'abîmer dans leur propre centre.

Roger Caillois

Le froid nous éveille et encercle le soleil.
Tu souffles sur les bords endormis du jour.

Une page blanche dessine l'étendue du sable
brouillard insensé où des ombres se profilent.
Voix lointaines, brisées.

Je dépose mes mains sur le rebord
d'une fenêtre. J'entends la venue du chant
dans les feuilles
d'automne, la *Louange à l'éternité* de Messiaen
qui ouvre le cœur au silence.

Entre les montagnes, le ciel offre
une plénitude au regard.
L'eau prend la terre en ses rondeurs
et roule sur l'avenue du monde
aux profondeurs sauvages des forêts.

Des traces découvertes sur le sol forment
le songe d'une vision qui dans l'air
crée un miroitement de brume
appelle à la connaissance indéterminée.

Instants gravés de la mémoire du monde
de voix, de liquide, de terre et de lumière.
Ombre terrestre – de la terre à la terre
un œil sur l'univers voit.

Les mouvements inscrits sur les pierres
rassemblent l'espoir
en leurs cicatrices percées
d'encre et de fils.

Émerge le halo de l'absence
des lettres s'estompent
creusées depuis tant d'intempéries.

Tu marches. Chaque jour, chaque pas
traverse un espace plus ou moins connu
chaque jour, ma peau franchit
le corps des choses, le cours
d'un poème.

Tu avives les heures à venir.

Dès les premiers jours
tu apprends à voir les ombres
de ceux qui t'approchent
puis peu à peu
le jour se distingue de la nuit
les êtres se détachent de l'obscurité
la lumière s'accentue autour
d'eux, tu vois au-delà de toi
ce qui est.

Aucun verbe ne peut seconder
la réponse de l'eau.

Sur le ventre des femmes
se révèlent des visages
miroir du ciel
matrice des éternités.

J'entends une histoire
entre les terres
des trous
de naissance et de mort
sur la surface
de mots encerclés.
Un marais de nénuphars éclos
d'œufs de tortues fissurés.

Des voix parlent d'une voix
mère d'étangs intérieurs.
Des voix apaisent
ma voix au creux d'un cercle
où se crée le dégagement du ciel.

La terre s'égare
au mouvement du vent.
Dans l'univers errant
elle s'envole.

À l'avancée de la nuit, la musique
des rives descend et remonte
le long des parois en ruine.
De la grotte du cœur
tu regardes mon visage.

Une prière nous recueille
près de l'espace habité
et du vide tu.

Le livre attend
près du souffle qui manque
comme une arme de tendresse.

Les mots cherchent à éclore
les vagues se déjettent
frôlent le bleu
de la rive.

Gravures de secondes
où le regard est fenêtre.

Tu vois ma main tendue
rejoindre la suite du monde.

Au retour de l'aube, le souffle pressé
autour de l'amphore des rêves
les couleurs terreuses
glissent sur ma peau.

Sous la tête de l'aigle
les ailes en allées
dans le vent qui rôde
les pas cèdent à la déroute.

L'enfance qui a les mains ouvertes
les doigts tendus vers le ciel
annonce l'aurore.

L'âme voit le monde
essence de sa création.

Les feuilles des arbres révèlent leurs graphies.
L'amour coule au bout des veines.

La pluie, une voix claire
sur les rives de rocs où poussent
des cèdres et des bouleaux.
Des taches ténébreuses s'élèvent vers le ciel
par-dessus les toits et leurs rigoles.

L'âge de la terre passe
et nous, dans un froissement d'ailes.

Tant de calme et de silence sur la peau
de l'eau. Le jour se lève
j'entends tes pas.

L'écriture est une ruine qui pénètre mon corps
tempête sous les bords de la peau
opacité du vivant
eau du corps vive de sang
ivre d'os et de muscles.

Les silences ouvrent large l'espace
du temps sans rive
au milieu des eaux.

Le souffle ravive un feu
de braise sous l'humide terre retournée.

Le mont gouverne notre présence
de l'ombre qu'il déjette.

À l'aube de neige dans l'abysse du silence
devant nous, le lac
peau satinée et noire
murmure la force troublante
des sillages. Leurs faisceaux
sous l'angle de la lumière
ouvrent le désir à ses tonalités.

La brume s'élève
tel un scintillement de cloches.
Des gouttes de pluie retentissent sur les feuilles
des trembles et des saules.
L'eau devient rose. À travers
on devine le soleil.

Vie tissée, entremêlée d'autres vies.
La mer contraint la terre à son chant.

Une lueur vacillante
de la langue trace le chemin
exhorte la pensée à poursuivre
chaque pas, chaque marche.

Espace gravé
du silence.
Abandon aux rêves
des histoires
où tous les personnages
ne sont que moi
et ne sont personne

dans le cercle des ombres.

Mes mains dessinent
le mouvement qui t'appelle

le cercle des mots
des instants.

Ombre portée
jetée dans l'orbe

loin
au cercle du corps.

Les sillons de l'eau
comme poème
vibrent au cœur des pierres.

Ma paume boit le sable.

À l'orée d'un bois, je découvre un cercle
de branches de bouleau blanc
à l'intérieur duquel des pivoines
blanches ont été disposées.

Les instants deviennent des fibres
à peine sortis du cocon de la sphère
la parole bue en leur brillance.
Ton visage sombre porte les tourmentes
des jours quittés.

La poésie trace une chair
et la nuit sans fin s'ouvre à la lumière
trouée au seuil où je glisse et m'enroule
aux parois cryptées.
Les pierres sertissent les cavités.

Table

Le poème *Chant de mère* a paru sous une forme différente dans la revue *Osiris*.

Pierres de passage a été composé
en caractères Garamond corps 12 et achevé d'imprimer
par AGMV Marquis inc.
le trentième jour du mois de mars de l'an deux mille trois
pour le compte des Éditions du Noroît
sous la direction littéraire de Paul Bélanger.